AF236227

Pascal Debra

Aszendent Äonenfalter

Gedichte und Koans
2002-2006

Frontcover: © 2021
Backcover: Portrait [Privatarchiv Debra ©] 2021

Titel der Originalausgabe:
Aszendent Äonenfalter
–Gedichte und Koans 2002-2006

© 2002-2021 Pascal Debra
Alle Rechte vorbehalten
Einbandgestaltung: Pascal Debra © Canva
Frontcoverbild: Canva ©
Herstellung und Verlag:
BoD – Books on Demand, Norderstedt, 2021

ISBN: 9783753481555

Widmung

...Den Welten,
ob innen oder außen...

...der Vielfalt bewusst...

Inhaltsverzeichnis

Teil 1:

Die Gedichte des Äonenfalters

1

In den Sphären
Äonen alter Wesenstiefen
strömten einst
Farbformen, die
jenen ergründbaren
Sprung erfuhren
eins zu sein,
mit allen
Teilen der
Welt.

2

Doch jenseits
des errichteten Lichtes,
verblieben die
Geborenen des Einen
Geistes.
Verblieben, wachsend,
sich vereinend
im lebendigen Grunde.

3

Alle Dinge der Welt,
sind Gefäß:
Hirte des Daseins…

Doch bist Du
das alte Gestirn,
an dem niemand unerfahren
sich die Nacht sucht?

Und sucht nach fernen
Bildern,
Kindheit und Geheiß
ferner Länder,
die eins sind
unter allen Himmeln

4

Über die schmalen
Wege ziehen die
Bilder der
erleuchteten
Spiegelfiguren…
und unter Zypressen
grenzen die Seelen
an den Morgen…
So verneigen sich
Götter und Welten
in allen
Dingen.

5

Alle beliebigen Zeichen
sind jene Blicke
durch Erleuchtung
und Gefühl:
Was einst sein wird
in fremden Jahrhunderten
nochmals und nochmals,
an Gestalt und Tiefe,
es wird
hinausgewachsen sein,
wird schließlich
unendlich empordringen,
kein Glück
der Welt entbehren.

6

Seelensinne,
den Abenden empfänglich,
jungen Gemeinsamkeiten gleich,
träumen die gewesene
Zukunft,
Nacht und Tag

Wo die Nacht aus
der Ungnade stürmt,
ist göttliches Urgeräusch,
und wandelnd, der
Duft in der geneigten Windstille
Scheu entgegenzustreben
wie Lichtwände aus
Ruhe und Liebe...

Dort stehen Jahrtausend alte
Gegenstände gegen den Raum,
umhüllen die Geschichten,
verborgen, übriggelassen…

Fast schreckhaft befühlt
die Zeit jede räumliche
Schwäche an ihnen,
begreifend,
einend,
niedergleitend
in den Äonen
lautloser Abstände
der Zeit…

8

Die Körper vergehen,
Tanzfiguren ähnelnd,
gleichsam in Gesicht und
Geste.
Tausend Bilder, ungezählt,
wirken wie ein Nachhall
in den Dingen der Welt,
einmal, wie Gehende
versuchend, wie Wörter
die lasierenden Farben
der Rollen und Namen
zu sprechen,
wie Götter
ihr
Weitergehen…

Äonen hinter allen
Sternenbildern wachen
die Großen,
die in Erscheinungen
und Blicken leise
sind…
Jede Gestaltung ihrer
Art tritt vollkommen,
an den Rand einer
Welt,
vermutend in den
Wirklichkeiten,
wachend, wie über
Blinde der Gegenwart.

Wo ist Menschsein
in einem Namen?
-Wenn alle Dinge
der Welt verstummen,
unter den Ozeanen
unter Tagesstunden
und Glastüren,
wenn alle Namen
ausgeatmet sind,
alle Gegensätze
erfunden,
und Stimmen sich
verschmelzen
wie Nachtigallengesang
und Sternbildfarben…
Wo ist Menschsein
in einem Namen?

11

Wenn aus den sturmhaften
Heroen einstiger Vergangenheit
stumme Zeugen werden
und unter blauen,
vergessenen Meeren,
verschollen
schlafen,
in ihren marmornen
Händen vergangene
Kraft,
in den getrübten Augen
die Eisspiegel,
dann wird
vollendet
ein Zeitalter des
Schweigens.

Fühlhaftes Abydos!
Zeichen der Stimmen!
Und: Sieh, wie sie stimmhaft,
umwoben die Weltenträger
wandeln,
und sieh, alles
bäumt sich leise
unter dem Flüstern auf,
und wird Ding und
Zeichen,
und gleichsam umhüllt von
Wassern der Sintflut
vom Vergessen
gewesener Stimmen...

13

Alles bleibt
still in den sich
überblendenden Stegen
aus Traum und Auge...

die wechselnde Glut
der Bewegung,
verführt zum Dasein
im tränenreichen Wandel

Wo ging ich?

Im tausendfältigen
Augenblick, tragen
alle Träume sich
in Bewegung
und Einfühlen...

14

Alle Orakel
wirken wie durch
sammelnde Dunkelheit
in die Wirren des
Tages hinein…
und die Erde
wäscht ihr Antlitz…

Uferloses Erzeugen
bricht in die neue
Nacht hinein,
birgt orakelhaft
den Samen
von tausend Universen.

15

Niobe rief: Dinge sinds!
Dinge sinds ewig,
wenn in ihnen
keine Furcht ist,
vor dem Vergehen
in den wankenden
Stimmen und Stunden…

Hände fliehen durch
die Dinge der Welt,
haftend, suchend
im tausendfachen
verschwenderischen
All-dasein des
Dinges an
sich…

16

In den Dingen
steigt die Macht
wenn Augen sie
berühren,
und Hände sie erfassen
wenn Antworten geflüstert sind
und
im unbewegten Geiste
Orte sich bilden,
wachsend,
in den Türmen der
Bewegung,
in den Augen des
Äons.

17

Alle schöpfenden
Formen,
beobachtet, bewahrheitet:
In diesen Bildern
regen sich gewaltig
die Visionen des Lichts

In allen Lehren,
stille Gebete sich durchdringen,
einander halten,
echohaft genährt…

Die sternhaften Gewänder
generieren den Kosmos,
ersinnen die Antwort
der Berge…

18

Wenn ich eingehe
in die oszillierenden
Geisträume
des warmen Regens,
als Gast einer Nacht,
auf den
verschlungenen Pfaden,
wenn die Kinder
der Erde
lachen

so sammeln und spiegeln
sich im Regentropfenschein
die scheuen
Engelsaugen…

19

In den Riffen
der sich aufbäumenden
Gedanken
walten die verklungenen
Gesänge,
treiben
langsam
in den Flüssen
unter Mondnachtblüten
und trennen sich
erst
unter den Horizonten
am Ende
der Nacht

20

Grundlegendes Verweilen
zwischen spät duftenden
Nachmittagen

Antike Augenantworten
verwerfen die geflüsterten
Dinge der Nähe,
spielen umfassend,
erklärend
in grundlegenden
Momenten,
altem Aufbruch gleich
die Violine der
Sommernacht

21

Traue dem Weltsein,
schließ ein die duftenden Worte
von Bildern und Orchideen,
und wirke, wirke vertraut mit dem
lebendigsten Urlaut der Dinge,
und bilde in allen
Schatten
das Flüstern
deiner göttlichen
Art...

22

Nacht um Nacht
treiben wir die Wege ein,
wie die Kinder
frühmorgendliche Tiere
und üben uns im
Dasein aller Spiele
und erfühlen die
Zeichen und Sprachen...
brechen durch die Haut, wie
ahnungslose große
Gefühle;
winden uns zwischen die
Zäune, unentzweit,
erfühlen die morgendliche
Frische und die Schrift
der Wegewandler....

In den Gründen
tatsächlichen Daseins
liegen, wie im Rauschen
vergangener Leben,
den natürlichen Gott
eines Wesens...
Nun aber trennen
sich die Räume der Nacht...
brechen in die Wandlung
einstiger Farbraumzeiten...

Frauenfühlung,
trägst Du das Lächeln
der Erdgöttin?
Oder den würdevollen
Schmerz der Dinge
im Außen?
Lange wirkten die
Bilder in meinen Sinnen,
deine Augen, von Gott
ersonnen, wartend
und still,...
frauenhaft...
fühlten
das übergangene
Äon...

25

Wortstilles Gebet
in den Himmeln
laubbedeckter Wolkenschatten,
und Mönchsaugen
blicken lange noch
schweigend
und
wartend
auf Anfang…

26

Gingkoblätter entfalten
blitzende Farbenspiele,
führen blind einen
Äonenfalter durch
die Gebete
der Nacht...

stillen
das Schweigen
der Schwingen
im Frühling...

27

Meine Ferse sinkt
tief in den Fluss,
ein Geräusch aus Bewegung
und Wildheit,
ewiges Echo...
berühre
die Steine
in still gewordener Nässe...

28

Wir fühlen im
Vorbeigehen alle
vergangne Stürme,
tausend Töne, die
Farben des Gewands,
Gebetskettenfinger
auf feinem Holz,
Kugeln aus göttlichen
Sonnen erschaffen
und sinken
in ein
Nichtsein.

Dieselben atmenden
Entitäten,
dieselben Augen
im Wahrgenommenen;
verschlossen in der
Freiheit
eigenen
Daseins…
Hunderte Momente
der Stille,
entitätenhaft
werden geflutet…
aus Nicht-schauen…

30

Stimmen erreichen
die Flut des Abends,
von weitem gar Gebete,
bewegen ein Flüstern
aus Fühlen.
So wirst du wirken im
Wortsein,
weit entfernt von
der Ruhe
des Geistes,
meerhaft und
äonenhaft...

du
Sturmmond...

31

Worte und Gebete,
Masken und Gebäude,
tierhaftes Schauen und
bedeutendes Erneuern
im hoffenden Dahingehen.
Über den Dächern:
Die Blicke eines Mönches
innerhalb hölzerner
Querstreben, sichtlos,
daseinslos…

So gelangen die Gesänge
in die Stille des Gartens,
zwischen den hingewehten
Dingen, betrachtungslos,
hörend bloß, stimmenhaft,
unterlegt vom Schweigen
eines Menschenraumes,
leer, erfüllt mit
dem Schimmer
einer
Orchidee...

Freies Spiel
beginnt
in allen Augenblicken,
Rollengeist weht
über die Worte
des Menschen,
dem Fokus
allen Kampfes;

-spielend
ernst
im inneren Zwischenraum:
dem Schlachtfeld
des
Denkens...

Betrachter
wirken in der
Beobachtung…
verlangen nach
Wort,
Bezeichnung;
lange schon
sind die Falten
der Toga
geglättet;
dem Aufbruch
bestimmt…

35

Linien eines
Mythos,
die Begebenheiten
unendlicher Leben,
Verdichtung ins
Endlose,
und die lichte
Anschauung
eines Regentropfens...
Sanftmut
erblüht
in der
Stille
einer
Orchidee...

So wie die Welt entsteht,
erhelle ich mein eigenes Antlitz
und bin ganz eigen…
So wie die Hitze der Nächte
sich im Nebel zerteilt,
verlieren sich die Gedanken…

Und nun ganz und gar eins,
wüten die stummen Stürme
wissenden Einklangs;
dringen ein in mannigfaltigem
Ausdruck, in tausend
verbliebenen Augen und Körpern

Jener Mann lebt ohne Rede,
seine Gebärden ziehen um
ihn wie eine längst vergangene Zeit,

nähren seinen Hauch
und in all seinen Namen geht ein Traum,
lacht ein Urgrund,
weint ein Vergangenes

Jener Mann dringt in sich selbst
wie ein Wind
und sieht sich selbst wie
eine Stimme
über den
Bergen...

Hundert Augen sehen nicht deine Form,
sehen nicht jeden Einzelnen deiner
vorzeitigen Söhne; gotthaft entstandene Ge-
stalten

Wenn Hände sich über den Ähren schweig-
sam ausbreiten, wie ein Wind,
ein Flüstern in einer Nacht aus Alabaster
und seiend sind und ruhend:

Dann gelingt das
funkenflammende Zeichen
eines äonenlangen Weges
und senkt sich schlafend in das Herz eines
Schweigenden...

39

Wer war ich
als die Wolken
durch die Welten voller
Stimmen zogen?

Hätten sie mich gerufen?

Mein Singen, mein Ahnen und Bitten.
Und in den zitternden Beginn hinein:
Irgendeinem in die Hand gelegt:
Die Wolkenwege
einsamer
Welten...

Hinter den Wänden geschehen
die Spuren der Welt.
In diesen Augenblicken tragen
sie die Sonnen und Stimmen.
Kerzenlicht erblüht
in den wärmenden Nachthainen,
Spuren verwischen,
Wände beenden
ihr Dasein
und Brahma singt

Werden die Menschen vollenden
was ich begonnen
hab im Herzen?
Werde ich beschließen was
tausend Augen sehen konnten?
Einst.
Und: Vollenden sie mich?
Wird dort jemand sein mit
Wegen und Sehen?
Das Vollendete in allem
wird im Menschsein
sich betten,
sich göttlich
vergessen…

letztendlich
vergessen…

In den fühlenden Dingen,
sind wir alle einend,
schweigsam wurden die Augen,
streifen gesenkt durch
das Rauschen des Riffs...

Unter allem verborgen ahnen
sich die Dinge,
einander sind sie Halt,
ein Geheimnis der Zeit,
verbergen in Äonen und Stunden
den ewig einenden Laut...

43

Es gibt nichts, was das Leben des Mondes auf dem Felde hätte ausführen können, außer graben…

Niobe gelang es, trotz Geduld und offenen
Augen nicht, das Hinfallen zu vermeiden.
So lag sie unter funkelndem Himmel

45

Vielleicht sinds Tage, vielleicht sinds Nächte.
Oder beides und es kümmert keinen
Ob des unwirklichen Scheins…

Ob das Fenster offen oder geschlossen ist, ich sitze hier…

Bündnisse ertragend
mit wehendem Haar:
Niobe überdauert die
klare, tränenreiche Nachtgleiche…
es führt langsam
und leise
eine prometheische Hand
die Nacht an der
Wirklichkeit
vorbei

Eine Gegebenheit des
Lichthaften.
Streifen durchdringen
korpuskelhaft die Erden
einer Nacht,
und der Atem Brahmas
überdeckt die Willigen
des Wirksamen;
doch eines verbindet alle
Nachtlichter in den
Tageswüsten des Seins:
Stille sickert stets und
ewig in die Schluchten
aus Augensilben und
Wortdenkmäler….

49

Stimmen verzögern sich
stets im lauteren Wirken
geneigten Fühlens
und denken,
gewahr werdend,
dem Unterschiede
ähnlicher zu sein als
sich…
So klingen Sie wenn
Schnee sich legt,
eines weißen Klanges,
ebenbürtig
um doch vergänglicher
zu sein…

Teil 2:

Die Koans des Äonenfalters

I. Über das Allgemeine

1. Wenn das Eine das Andere überthront, schwindet das Ganze in das Nichtige. Gilt die Frage der Erfüllung? Es kann gesagt werden, dass dies der Anfang eines Neuen Geistes sein kann.

2. Hinter dem Einen ist immer das Andere. Es wächst durch sich hindurch und erlangt die Freiheit der tausendfachen Möglichkeit. Das Prinzip ist die Bewegung. Sie liegt in allen Systemen, in allen Händen und schaut durch alle Augen.

3. Es erscheint oft wie ein geädertes Zusammenkommen, und spiegelt sich im Winde des Werdens. Jedoch löst sich das Eine aus dem Hintergrund, wird einem klar, dass es auseinanderwächst. Es gibt die Bewegung.

4. Das Zusammenkommen wirkt nunmehr als Möglichkeit des Werdens, unmanifestiert und in tausendfacher Ermöglichung in anderen Dingen.

5. Das Werden selbst löst das Eine aus, es ist in sich begriffen. Kann es sich nur selbst spiegeln? Das ist eine Frage, die keine ist. Sie schwindet dahin.

6. Über den Dingen aber liegt eine Decke des Schweigens. Nichts kennt sich in der Ganzheit, wo es steht. Selbst dann ist alles schwierig zu deuten. Deute nichts, sondern verbleibe und nimm die Dinge wie sie nicht sind aber wirken.

7. Warum wirkt alles? Schweigt es sich aus? Nein, denn alles spricht. Der Fragende kennt die Sprache nicht. Mit ihm wird nicht gesprochen. Das ist stimmig in seiner Welt. In Wahrheit kann er nur nicht zuhören. Das ist die Bewegung.

8. Man denkt wohl, dass das Eine vor dem Zweiten ist. Es bricht sich jedoch das Licht im Augenblick des Erscheinens. Man erkennt es nicht und dennoch ist dort ein Grund.

9. Somit ist Das Eine und das Zweite grundsätzlich nicht voneinander getrennt. Es ist durchdrungen vom Grund. Das Erscheinen ist sekundär- Man glaubt es.

10. Das Erscheinen ist jedoch eins mit dem Einen. Zwischen Ihnen liegt nicht die Zeit.

11. Vielerorts ziehen die Kreise im Wasser immer enger ihre Form. An sich sind die Form und der Kreis eins.

12. Für sich selbst gilt der Kreis des Wassers als solcher. Doch ist er zugleich etwas vollkommen Anderes.

13. Denn nicht das Wasser ist, es ist, das was es ist.

14. Das was ist kümmert sich nicht um Wasser und Form. Auch nicht um das Kreishafte. Deshalb bleibt alles in der Zeit des Seins.

15. Es macht vieles möglich wenn einer am anderen Ende sitzt. Dort geht die Zeit vorüber, denn dort ist Einer.

16. Womöglich wird dann alles dunkler, wenn die Fenster sich schließen. Dann erhebt man sich und geht in die Stille der Nacht...Stellt man sich die Frage, weshalb man geht? Es wird keinem gelingen. Die Frage hat kein Echo. Denn Dieser ist.

17. Geht es um vieles oder um eines? Wer vermag das zu sagen? Sieh in den Nachthimmel und kümmere dich nicht...

18. Das Eine, das Oben in Bewegung bleibt, wirkt durch die Veränderung. Das Untere, scheinbar anders manifestiert ist des Einen Geburt...Beide vermögen es nicht zu wissen. Damit wirkt ein Geheimnis? Nein, denn beide sind sich ähnlich und würden nur sich selbst spiegeln...deshalb vermag keiner von beiden es zu wissen.

19. Das Harte zieht das Weiche an. So mag man meinen. Es ist scheinbar, und scheinbar ist auch der Mond der sich im Wasser spiegelt. Beides trägt in sich dieselbe Möglichkeit. Die Möglichkeit aber ist was? Es ist das Aufbrechen der Einen Naht.

20. Das Eine vermag man zu sehen, es verbleibt im Dasein. Sichtlich wird es verändert. Es ist eine Frage des Blickpunkts. Sieht man das Eine, das verbleibt, aus einer anderen Perspektive: Es würde den Menschen erstaunen. Nicht, weil es sein Wissen über das Eine verändern würde, sondern weil er die Möglichkeit des Wechsels erkennt...

21. Der Wechsel ist ein willkommener Gast. Er verbleibt auch dann, wenn er wieder verschwunden ist, und alles sich leert.

22. Wenn konzentrische Ringe aufeinander folgen, müssen sie dann wirklich im Jetzt sein?

23. Warum sind sie, der Fall gesetzt, sie sind uns gegenwärtig, konzentrisch? Es gibt Dinge die über den Gesetzen liegen. Das ist der Sinn. Niemand kann sagen, warum etwas so und so ist. Man kann es herleiten. Es ist eine Wirklichkeit, die keine ist.

24. Wahrlich: Vielleicht dringen aus diesen Kreisen Töne hervor. Es stellen sich Spiegelbilder auf, das kann verwirren. Lassen sie sich nicht verwirren. Ihr Geist bleibt klar.

25. Das Kreisende selbst in den Ringen ist nicht konzentrisch. Es kann auch ganz anders sein. Wer weiß das schon?

26. Es gibt die Ringe gar nicht im Kreis-sein. Deshalb gehen Jene, die betrachtet haben und kümmern sich nicht.

27. Die Unmöglichkeit des Kreisseins ist nicht gegeben…Deshalb aber erwirken auch die Ringe wiederum eine Wirklichkeit. Sie wirken nämlich. Nein, mein Herr, suchen Sie nicht. Es wird nicht gelingen. Suchen ist eine Antwort auf sich selbst…

28. So mancher geht dahin und dorthin und sieht keine Kreise. Dann ist alles gut. Dann geht alles seinen Weg.

29. Es geht seinen Weg, wenn man beobachtet. Es geht seinen Weg, wenn man nicht beobachtet. So ist es. Warum? Diese Frage lässt sogar erst den Weg entstehen…

II. Über den Einen der da sitzt...

1. Es ist ruhig möchte man meinen. Geradlinig ist das Ganze an dieser Seite. Dort läuft alles quer. Er endet am Ende. Dort wächst auch der Schatten mit dem Dahingehen der Sonne. Es erwacht der Mond. Dort bleiben die Dinge. Dort wacht das Eine.

2. Es vermag etwas Neues zu sein. Doch Altes verbleibt auch. Ändern tut es sich nicht. Und doch wird es beobachtet. Somit verändert es sich, und kann erlöschen. Zugleich aber ist es die Geburt des gewissen Dings.
   Ungreifbar, unumstellbar.

3. ES gelingt im Inneren. Es gelingt dort, wo es anfangs nicht war. Aber warum das alles? Warum ist jenes dort und dann auch hier, und doch so verschiedenartig? Gerade darum.

4. Warum muss es erlöschen? Ist da ein Sinn? Gerade darum.

5. Es ändert sich und bleibt? Wie kann man das verstehen? Das kann man nicht so ohne weiteres, denkt man. Und doch. Aber man sagt nur: Gerade darum.

6. Wer wagt den Sprung. Das Zimmer ist des Einen Schutz. Das Zimmer ist Wandlung. Es ist innen und außen...

7. Dort fließt der Fluss möglicher Gedanken. Erst aber zeichnen sie nur verborgen die Wege des Möglichen. Es ist wie das Zeichnen des Kreises, wo kein Beobachter ist. Unsicher ist die Gestalt des Wirkenden.

8. Es kann und es kann nicht. Das sind die Attribute am Ort des Möglich-seins. Niemand kann dies sehen. So kann es niemand erkennen. Ist dies der Weg zum Beobachten?

9. Das Zimmer ist das Angeschaute. Im Angeschauten liegt das Mögliche. Außerhalb des Möglichen thront das Beobachten, ist das möglich?

10. Im Anschauen des Zimmers und der Dinge liegt nur das Mögliche des Beobachtens. Aber es ist nicht zwingend. Es muss

nicht vorhanden sein, wenn Anschauen sein soll.

11. Das Beobachten kann ohne Anschauen sein? Es stellt sich diese Frage. Doch das Zimmer selbst schweigt. Vielleicht sind es draußen die Blätter die Antwort geben.

12. Das Auge untersucht im Verweilen des Zimmers. Es ist Anschauen. Aber dies ist nicht das Beobachten.

13. Wo Beobachten ist, ist das Anschauen nicht, ist nicht das Untersuchen. Es ist bloß das Sehen des Seienden. Es ist wie das Sehen einer Vase, eines Baumes, eines Lächelns.

14. Das Lächeln selbst zeigt sich im Gewahr-werden des Beobachtens durch Nichtge-wahrwerden. Wenn das Gewahrwerden bewusst wird, ist dort kein Beobachten mehr. Das Zimmer flüchtet ins Bild-sein. Es ist nicht mehr.

15. Vieles im Zimmer ist lebendig. Sieh, denn dort ist Stille: Sie scheucht das Stille aus dem Zimmer.

16. Ist das Zimmer für sich und an sich? Oder ist alles nichtig, wenn die Augen sich schließen?

17. Es ist unsicher, dass alles ist, wenn DAS nicht ist.

18. Das Zimmer, vorhanden oder nicht, wahr oder unwahr, wirklich oder unwirklich. Es ist ein Zeichen. Das ist alles. Es ist eine Schrift, ein Schriftzug, mehr nicht.

19. In den Ecken hinter dem Schatten des Abends stehen Blumen. Sie sind ungenährt von Menschenhand. Doch verweilen sie ruhig. Sie ändern nicht ihren Rauminhalt. Sie sind nur. Es ändert sich mit den Gedanken.

20. Dadurch werden sie raum-ähnlich? Dadurch kommen sie in die Welt? Oder ist dies bereits ohne den An- schauenden, ohne den Denker des Gedankens?

21. Das ist wohl nicht immer klar. Raum-ähnlich sind sie vielleicht im Anschauen, doch sind sie es nicht mehr im Beobachten? Das ist wie mit dem Kreis, der sich selbst zeichnet. Es ist eine Sache des Seins.

22. Wenn ich beobachte, ist nicht.

23. Wenn Beobachtung ist, ist alles.

24. Wenn nicht Ich im in sich selbst ruhenden Zimmer sitze und verweile, ist dies eine Komponente der Zeit? Bin Ich dann Ausdruck derselben, oder nur ein Schatten, ein Abglanz dieses Ungenauen? Oder ist da einfach nur Zeit?

25. Wenn dort das Konfrontieren ist mit der Zeit im Raume des Zimmers voller Dingen und Raum: Bin dann ich notwendigerweise, unausweichlich?

26. Es tragen viele Dingen dazu bei, dass Eines ist: Nämlich das Ruhende im Zimmer kann auch Anschauen sein.

27. Wenn die Blicke von einer Ecke zur anderen wandern, dann ist dort dieses Überbrücken von Zeit, dann ist auch dort Raum, nicht wahr? Wenn das alles ist, sehe ich dann die Türen zu den Zimmern nebenan?

28. Wenn ich dies alles sehe, oder meine sehen zu vermögen, ist dann die Möglich-

keit erschöpft? Oder ist dann dort nur das: Dass alles weit entfernt ist, vom Leben an sich. Dann ist die Stille durchbrochen. Dann ist kein Sein.

29. Wenn ich mich besinne, und achte auf meine Hände und Füße, so vermag ich nicht zu sagen, ob dies ein Teil des Notwendigen ist oder nicht? Aber womöglich stellt sich diese Frage nicht…denn ob dies alles ist oder nicht: Letztendlich spielt dies keine Rolle…Und das Zimmer schweigt.

30. Von den Dingen die ich sehe, spiegeln sich vielleicht jene Dinge, die sich selbst sehen…

31. Man vermag den Raum zu messen in einem Sinne, andererseits ist derselbe Raum anders gesehen, nicht zu vermessen, obgleich man meinen mag er sei derselbe.

32. Hier ist die Wärme der Ausstrahlung, dort ist der Raum. Doch das Eine vermag das Andere zu durchdringen. So wird alles Eins genannt. Es ist wie die Sonne im Zeichen des Himmels.

33. Der Raum ist. Der Raum ist nicht. Beides liegt im Sein. Ich bin der Raum. Der Raum ist das Nicht-Ich. Beides ist stim-

mig. Alles ist der Raum und im Raum. Und das Gegenteil feiert die Wahrheit ebenso.

34. Man würde wohl vergessen wohin man gehe, wäre da nicht das Erinnern an einen wohlbekannten Weg. Doch ist nicht alles selbst lieber unbekannt? Was jedoch gibt uns die Sicherheit, dass jenes so ist, wie man es denkt? Was ist „Weg"? Und was bedeutet „Sicher-sein"?

35. Man könnte behaupten, man könne sich vergewissern. Aber was bedeutet dies? Es ging aus dem Zimmer, und geht in das Wesen selbst hinein. Kann dies erklärt werden? Alles sonst ist in Schweigen gehüllt.

36. Das Zimmer ist jenes, und der Weg dort drüben ist das andere. Wovon aber ist jenes ein Teil? Kann man dies behaupten, ohne selbst Teil zu sein? Wo ist die Grenze des Wortes zum Wesen des Dings?

37. Wenn dies genannt ist: Zimmer, und jenes: Weg. Beides ist in sich gleichsam unverhüllt. Die Bedeutung liegt im Geiste des Ichs.

38. Das Ich trennt und benennt. Sagt „Boot"
und „Zimmer", sagt „Weg" und „Licht". In
den Worten ist alles leer. So kann nichts
gelernt werden. So besteht kein Lernen.

39. Dort ist jenes Zimmer. Dort sitzt das
Relative. Das ist das Beispiel des Mögli-
chen. An allem Einzelnen kann man das
Ganze erkennen.

40. Wenn Ich dort sitze und ganz Ich bin, bin
ich mir selbst des Zimmers gewahr? Des
Seins des Zimmers? Oder nehme ich hin?
Nehme ich dies so, wie es scheint? Es mag
wohl so sein.

41. Es sei dahingestellt dass dies alles ein
Spiegelbild sein könnte. Was würden wir
sehen? Die Erscheinung oder die Wahr-
heit?

42. Kann folgendes sein: Dass beides zutrifft
und wahr ist?

43. Drei Schritte gehen in die eine Richtung,
tausend andere in die andere, wer jedoch
vermag die Richtung zu benennen?

44. Es stellt sich überhaupt die Frage, die wohl grundlegender ist: Was verzeichnet den Unterschied?

45. Und weiterhin: Welche Richtung gibt dem Wahren Gestalt und welche ist Schimäre und Gaukelei?

46. Was sind die Schritte? Wird mit Füssen gegangen?

47. Die Sonne taucht nieder und hinterlässt das Zimmer, die Hütte in einem feinen violetten Farbschimmer. Dies ist alles aus dem Einen: Dass alles IST.

48. Einst bat man um die Zeichen des Himmels. Wie zeigt es sich heute? Sind dort andere Zeichen? Was ist „Zeichen" und was ist „Bitten"?

49. Zwischen was kann man unterscheiden, wenn man diese Worte sagt? Es ist gar einfach: Jenes ist das Vergängliche, dieses das Umfassende. Was aber bedeutet dies wiederum?

50. Man spricht vom Vergänglichen, und wagt den Sprung über die sonnenerwärmten Klippen. Jenes ist das Bild.

51. Sieht man darin das Werden? Nun, es kann gesagt sein: Der Sprung ist stets etwas Anderes!

52. Vielleicht gelingt es vielen. Doch bin ich Andere? Was hält mich fern von diesem Gedanken? Das muss wohl Ich sein.

53. Kann dies sein, da ich hier stehe? Ich sehe dies Eine, und somit das Bild, doch spüre ich nicht alleine das Bild, sondern das was vergänglicher ist.

54. Im Erfahren des Spürens liegt ein Solches. Reicht es, nur darauf hinzuweisen?

55. Es kann auch anders angeordnet werden: Die Klippen sind das Verlangen nach Welt im Bilde des Ichs. Die ewig antwortende Frage! Was bedeutet dies?

56. Ich frage, ob das was „Bedeutung" ist, wirklich „Bedeutung" ist. Was wird denn damit verbunden?

57. Ist meine „Bedeutung" zugleich mein „Bedeuten"?

58. Oder ist es gar so, dass das Wort sich vom Sein unterscheiden ließe?

59. Ohnehin ist meine Sicht der Bedeutung eine andere als die eines anderen.

60. Ist das in diesen Worten wahr? Oder verfalle ich dem Wort? Und warum frage ich?

61. Es gibt bestimmt Gründe für eine solche Frage. Je nachdem wer fragt, ändert sich etwas. Dort ist Veränderung.

62. Die Veränderung ist nicht nur die Frage, denn: Jenes gibt Antwort auf das alles.

63. Was ist im Bedeuten so anders als am dem was Ich bin? Ist dort das Sein gesucht worden?

64. Wenn die Bedeutung des Verstehens des Bedeutens erkannt ist, wo sind wir dann angelangt?

65. Vielleicht muss dort ein Zeichen hinführen, ansonsten führen wir uns zur Oberfläche!

66. Es ist interessant, wenn man sich solche Bilder vor Augen hält, denn gelingt es uns (vom Zeichen ausgegangen), uns der Oberfläche zuzuwenden, dann wissen wir nicht, welches Bild in uns ist.

67. Welches Bild erreicht uns an der Oberfläche?

68. Der Grund lässt Rückschlüsse zu, doch das Wesen wird sich selbst verweigern.

69. Muss ein Beispiel eingeführt werden, oder trägt dies zum Nicht-verstehen bei?

70. Man kann sagen, so wie der Grund ist, so ist auch das was dem Verständnis Form gibt.

71. Woran wird dies festgemacht? Was bedeutet Form?

72. Im Vergessen liegt die Form der Bilder der Klippen. Ist damit zu viel gesagt? Es gibt die Antwort auf den Grund.

73. Nichts ist anders als das Andere. Man möge sich eine solche Vielfältigkeit ausdenken. Selbst dann gilt diese Aussage?

74. Was Vielfalt hat, ist Teil eines Teils, so, wie das Zeichen des Himmels. (Wenn es sich denn zeigt).

75. Durch den einen Teil des Himmels können wir hindurchsehen, warum aber ist dies nur Teil eines Ganzen und wann ist dort Vielfalt?

76. Die Vielfalt deutet sicherlich immer auf sich selbst hin!

77. Was die Form prägt ist innerhalb der Form selbst. Was außerhalb ist nicht DIE Form.

78. Wenn wir das Bild in uns tragen, welchen Urgrund es auch trägt, es hat Urgrund und ist das Eine!

79. Wenn Nicht-verstehen besteht, dann ist dort das teilende Eine, das Denken der Verwirrung.

80. Ah, die Einfachheit trägt in sich Bild, Vielfalt und Zeichen.

81. Wenn wir davon sprechen, dass einer da sitzt und außerhalb der Zeit ist, dann sprechen wir aus, was IST.

82. Wenn wir davon sprechen, dass einer da sitzt und Teil des Ganzen ist, sehen wir die Bewegung im Raum?

83. Der Meditierende ist außerhalb der Form des Gedachten.

84. Die Form in die er sich hineinsenken lässt, ist Teil des Ganzen. Dort besteht die Einfachheit und Schlichtheit des Ganzen.

85. Der Urgrund ist in sich die Form gebende Instanz. Aber das Boot bewegt sich immer auf Wellen...

86. Wenn das Boot nicht die Welle ist, was dann?

87. Wenn das Boot die Welle ist, was dann?

88. Können wir erkennen was IST? Wenn dort der Wechsel ist, dann finden wir ihn überall im Außen. Aber was vermag ihn im Innen zu enthüllen?

89. Wenn das Boot sichtbar auf den Wellen tanzt, welche Spiegelung wird dann wirklicher sein? Die der Welle oder die der Spiegelung selbst?

90. Der jener sitzt, sitzt am Ende eines langen Tages ruhig und in sich gekehrt. Meditierend wacht er über die vergehende Stunde...Doch alles bleibt Bewegung...

91. Selbst wenn das Licht durch das Dach vor den Meditierenden fällt. Nichts hebt die Einfachheit auf...

92. Der, jener sitzt, gleitet durch das Licht in die Stille jener Nacht.

93. Das was Form ist, ist des Meditierenden Bewegung. Was aber bewegt sich draußen, was nicht sichtbar ist?

94. Jener, der sitzt, spiegelt die Ruhe des Zimmers, oder ist es umgekehrt?

95. Wenn das die Leere ist, dann ist Leere.

96. Worte werden zur Leere, ja, und dann wird die Form zum Inhaber aller Leerheit. Alles ist Leere, aber was ist dann die Spiegelung?

97. Der Sitzende verbeugt sich. Denn überall wird er sein. Überall, selbst dort, wo das Boot seine Form verliert, wo das Wort Leere wird. Überall wird dann er sein.

III. Das, welches Leere erzeugt

98. Der Wind draußen verliert seine Stärke.
Es ist an der Zeit seine Tiefe zu erblicken.
Doch alles bleibt.

99. Der Wind draußen verliert seine Stärke.
Es ist an der Zeit seine Tiefe zu erblicken.
Doch alles bleibt verschlossen. Ist dort,
wo der Wind ist, draußen? Wer besagt
dies? Was wäre, wenn „draußen" nicht ist?

100.   Wenn wir unsere Augen schließen,
kann der Wind für uns denn noch vorhan-
den sein?

101.   Die Leere in den Händen, die Leere
im Wind, das alles sind Geschwister…

102.   Die Tiefe erzeugt keine Leere

103.   Die Nähe erzeugt keine Leere.

104.   Die Leere ist ein Wort

Über den Autor:

PASCAL DEBRA, 1978 in Luxemburg geboren, studierte Philosophie (speziell wissenschaftstheoretische Ansätze), Literaturwissenschaften und Linguistik an der Universität Trier und erwarb dort den Magister Artium Abschluss in diesen Bereichen. War Lehrer für Philosophie und Ethik, unterrichtet aktuell in einer Privat- schule.

Pascal Debra

Weitere Schriften:

„Der Schachspieler" Roman (2009)(Neue Auflage 2018)

„Die Reißzwecke in der Regenrinne" Roman (2009) 2. Auflage 2018

„Die Evolution des Skorpions" Roman (Neue Auflage 2018)

Aesculus −Ein Gedichtzyklus in 5 Bildern. (Einzelausgabe 2017)

„Die Pathologie der Liebe" Roman. (2017) 2. Auflage 2018

„Horizontenstille" Gedichte aus den Jahren 1993-1998 20jährige Jubiläumsausgabe 2018

„Ausgewählte Gedichte 1998-2002" (2018)

„Aonenfalter −Gedichte und Koans 2002-2006" Jubiläumsauflage 2017

„Gedichte und Haikus. 2006-2018" (2018)

„Achilles" Roman (2018)

„Die Gefälligkeit des Vormittags" Roman (2019)

„Kafka und Ich. Philosophische Notizen und Tagebucheinträge. (Gebundene bibliophile Ausgabe 2019)

u.a.